Paris. — Imp. Jousset et Aubé, 8, rue de Furstenberg.

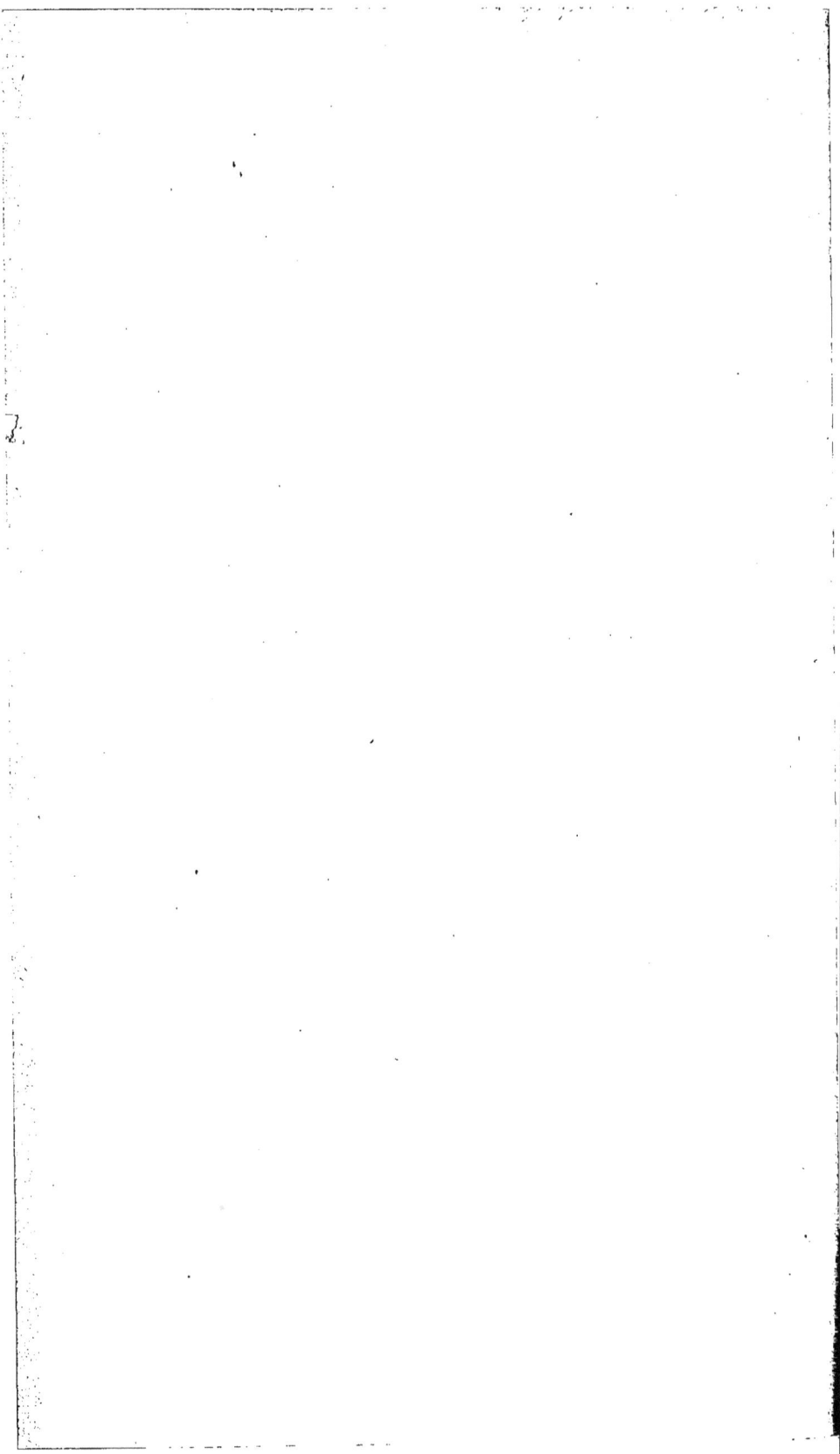

RENTRÉE

DE LA

CONFÉRENCE DES AVOCATS DE MARSEILLE

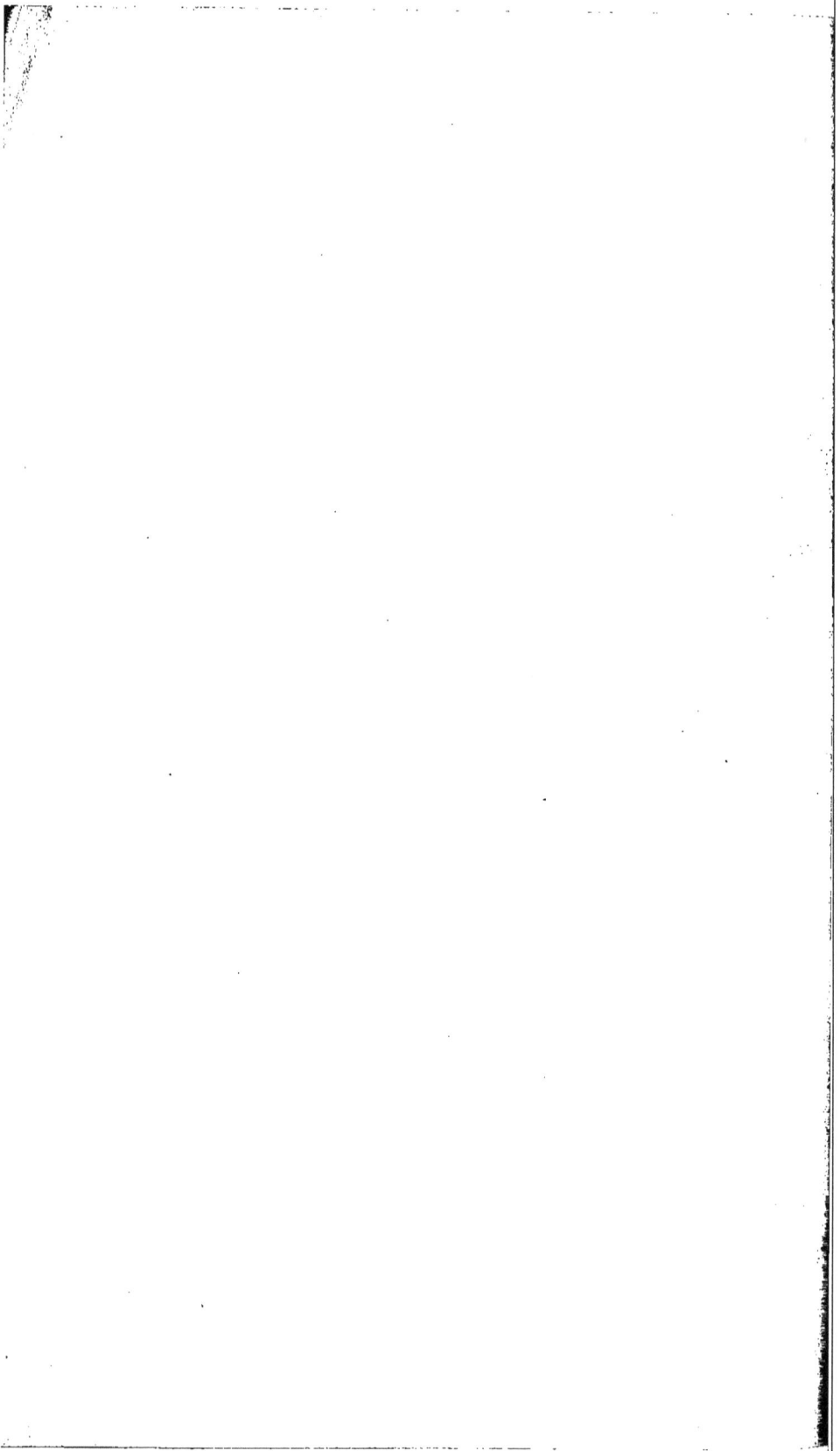

DISCOURS

PRONONCÉ LE 19 DÉCEMBRE 1886

A LA SÉANCE SOLENNELLE DE RENTRÉE

DE LA CONFÉRENCE DES AVOCATS DE MARSEILLE

PAR

Me A. ROUX-FREISSINENG

IMPRIMÉ EN VERTU DE LA DÉLIBERATION DU CONSEIL DE L'ORDRE
EN DATE DU 6 JANVIER 1887

L'HYPNOTISME

DANS

SES RAPPORTS AVEC LE DROIT

MARSEILLE

TYPOGRAPHIE ET LITHOGRAPHIE BARLATIER-FEISSAT

Rue Venture, 19

—

1887

L'HYPNOTISME

DANS

SES RAPPORTS AVEC LE DROIT

DISCOURS

PRONONCÉ A LA

SÉANCE SOLENNELLE DE RENTRÉE DE LA CONFÉRENCE DES AVOCATS DE MARSEILLE

Monsieur le Batonnier

Messieurs et chers Confrères,

Parmi les découvertes réalisées par la science moderne, aucune peut-être n'a excité un étonnement aussi vif et aussi profond que celle de l'hypnotisme. C'est qu'en effet, les phénomènes étranges observés depuis quelques années ne tendent à rien moins qu'à révolutionner dans l'ordre psychique toutes les données reçues jusqu'à ce jour : « Annihilation ou sujétion possible de la volonté humaine, » telle en est la dernière expression.

L'énonciation seule d'une pareille formule appelait naturellement l'examen du jurisconsulte. La science juridique s'en est émue déjà. Aussi m'a-t-il paru qu'il serait intéressant de faire passer sous vos yeux ces divers faits dans leur ensemble avec les conséquences qu'ils entraînent. Un aperçu rapide de leur succession à travers les âges, sous leurs formes diverses, en mettra en lumière, tout d'abord, la réelle importance ; je devrai prendre à tâche ensuite, de vous exposer avec les derniers résultats obtenus, leurs effets possibles dans l'ordre judiciaire et les réflexions qu'ils suggèrent à l'esprit du légiste.

Je ne me dissimule point qu'il est hardi peut être pour moi, d'aborder l'étude d'un problème aussi délicat, alors que les phénomènes qu'il agite sont dégagés à peine des voiles dont les avaient enveloppés la superstition et la crédulité des masses. Mais il m'a semblé, d'une part, que les constatations faites ces dernières années par des savants illustres, et confirmées par tous ceux qui se sont préoccupés de la même question, formaient une base scientifique suffisante pour que je pusse vous les soumettre. J'ai pensé, d'autre part, que la notoriété de ces faits et l'intérêt tout particulier qui s'y attache justifieraient jusqu'à un certain point ma témérité. Ce sera en tous cas, une circonstance atténuante dont votre indulgence voudra bien me tenir compte.

*
* *

De tous temps, le merveilleux a exercé sur l'esprit des hommes un irrésistible attrait, et la curiosité qui a toujours poussé à examiner les phénomènes dont les lois naturelles connues ne pouvaient fournir la raison, n'a eu d'égale que la facile crédulité avec laquelle a été acceptée toujours aussi l'intervention d'une puissance surnaturelle pour en expliquer les effets.

Dans l'antiquité, c'est au profit des religions diverses que semblent monopolisées les pratiques magiques. A une époque où les divinités de tous genres jouaient un rôle si considérable dans le développement de la société, où leur action efficace était pour ainsi dire à chaque instant ressentie, il ne devait point être difficile de faire admettre par les masses des prodiges qui devenaient pour le prêtre d'un secours si puissant. C'est ainsi que partout, régis par la loi religieuse, les faits les plus étranges sont acceptés sans une velléité de doute.

Les voyants, dès les temps les plus reculés, sont très répandus en Chaldée. Il suffit de dormir dans certains temples pour acquérir le don de seconde vue.

Dans l'Inde, de temps immémorial aussi, les Fakirs et les Djoguis tombent en catalepsie en regardant pendant un quart d'heure le bout de leur nez que couronne à ce moment une flamme bleuâtre ; ils peuvent, dans cet état, conserver durant un temps considérable les attitudes et les poses extraordinaires qui leur attirent le respect de la multitude. La tradition de ces pratiques s'est conservée précieusement jusqu'à nos jours (¹).

De même les magiciens d'Égypte, vingt siècles avant notre ère, exploitent déjà le Mandeb. « Dans le centre d'une assiette blanche, ils dessinent avec une plume et de l'encre deux triangles croisés l'un dans l'autre, et remplissent le vide de la figure géométrique ainsi formée par des mots cabalistiques. Puis, pour augmenter la lucidité de la surface de l'assiette, ils y versent un peu d'huile. Ils choisissent ensuite un jeune sujet et lui font fixer le regard au centre du double triangle croisé. Quatre ou cinq minutes après, le sujet commence à voir un point noir au milieu de l'assiette ; ce point noir grandit au bout de quelques instants, devient diffus et ne tarde pas à se transformer en apparitions surprenantes. Ceux qui produisent ces hallucinations sont vénérés de tout le peuple (²) ».

En Egypte également, dans les premiers âges, le dieu Apis, lors de certaines fêtes, inspire aux femmes et aux enfants l'enthousiasme prophétique.

---

(1) Louis Figuier. — *Hist. du Merveilleux*, t. III.
(2) Louis Figuier. — Ouv. cité.

Babylone croit aux esprits frappeurs. — On y croira encore au XIXe siècle. — Dans l'ancienne Grèce, le crédit de la Pythie de Delphes est immense. Installée sur un trépied au-dessus d'une fissure du sol d'où s'exhalent des émanations sulfureuses, elle rend ses oracles au milieu des convulsions, signes de l'inspiration divine.

A Rome, la foi dans les sybilles n'est pas moins grande. Elles ne sont lucides qu'à de certaines époques, lorsque le Dieu s'empare d'elles et fait éclater dans leur bouche le délire fatidique. (¹)

Je laisse de côté les miracles du christianisme naissant dont il ne convient point de parler ici, et les horribles maléfices du Diable pendant tout le moyen-âge.

Au XVIIIe siècle seulement, délivrée enfin du cauchemar épouvantable de la sorcellerie, l'Europe pousse un profond soupir de soulagement.

Le surnaturel ne perd pas pour cela ses droits sur l'humanité ; le besoin de merveilleux qui semble la tourmenter depuis son origine, se donne carrière dans des voies nouvelles.

Des milliers de prophètes surgissent en quelques années dans le Dauphiné, le Vivarais et les Cévennes; des enfants de trois ans prédisent l'avenir, un garçon

---

(1) Virgile. — *Enéide*, t. VI.

de quinze mois prophétise dans son berceau, un enfant dans le sein de sa mère (¹).

Le tombeau du diacre Pâris, à la même époque, a la propriété de produire des guérisons miraculeuses et de faire entrer en convulsions ceux qui le touchent. En quelques mois les convulsionnaires se comptent par centaines. L'autorité doit intervenir et faire fermer et murer le cimetière de Saint-Médard.

Voilà cependant qu'à Paris, Mesmer est arrivé, et avec lui le magnétisme ! De quoi occuper pour de longues années l'imagination des hommes ! Mesmer n'a pas inventé son système. Dès 1493, Paracelse et après lui Goclen et Van Helmont en avaient posé les principes :

« Le magnétisme est un fluide universel, remplissant tout le monde créé et établissant entre les corps célestes des relations harmoniques. Le même fluide pénètre les organismes des animaux et détermine deux pôles opposés comme le magnétisme terrestre dans les aimants. »

Si Mesmer s'attribue indûment tout le mérite de la théorie, on ne peut contester du moins qu'il en ait trouvé l'application pratique. Entre ses mains, le magnétisme devient une panacée infaillible. Toutes les affections les plus récalcitrantes doivent disparaître sous l'influence de son traitement. Et quel traitement ! :

(1) Calmeil. — *De la Folie.*

Au milieu d'une vaste salle doucement éclairée par un demi-jour, sont disposés un certain nombre de baquets autour desquels se pressent des rangées d'adeptes ou de malades. Une corde les relie les uns aux autres et aussi au baquet réservoir du fluide de vie qu'y a déposé le magnétiseur. L'harmonica fait entendre ses sons délicieux. Bientôt le courant s'établit, les nerfs s'irritent, des hallucinations se produisent et les convulsions, les crises; les corps se renversent, se crispent, puis se relèvent par des mouvements tétaniques. Les sujets sont alors déposés dans la salle des crises ou enfer aux convulsions, soigneusement matelassée. Les jolies et délicates énergumènes qu'on y abandonne après les avoir délacées pourront s'y livrer impunément à leurs plus frénétiques ébats (¹).

Le succès de Mesmer est immense. Les femmes raffolent de cette méthode curative.

Les corps savants sont plus froids. C'est en vain que le magnétisme essaie de faire consacrer sa doctrine et ses pratiques par la Société Royale de Médecine et par la Faculté. Cette dernière raye de ses registres Deslon, docteur régent, qui préconise le système magnétique.

Une commission nommée à cette occasion par le Gouvernement pour examiner la médecine nouvelle, conclut par l'organe de Bailly à la négation

(1) Figuier, — *Histoire du Merveilleux.*

complète du magnétisme. Dans un second rapport
secret adressé au Roy, Bailly signale de plus les
pratiques mesmériennes comme immorales.

L'engouement du public ne disparaît pas pour cela,
il survit au départ de Mesmer même. Les arbres
magnétisés du marquis de Puységur font autant de
miracles que les baquets du maître. Seulement la
formule est légèrement modifiée. « Croyez et veuil-
lez », dit Puységur, voilà le secret du magnétisme
pour le magnétiseur. En appliquant le même principe au magnétisé un demi-siècle plus tard, on aura
l'hypnotisme.

Malgré la scission entre les *fluidistes*, d'une
part, qui veulent un fluide quelconque comme agent
immédiat de la magnétisation, et les *spiritualistes*
(spirites de nos jours) qui croient agir sur les
malades soit directement, par une puissance toute
morale, l'âme, soit par l'entremise d'êtres surnaturels,
les esprits, le magnétisme ne continue pas moins à
fleurir, il soutient avantageusement la concurrence
des prodiges de Cagliostro.

La Révolution marque un temps d'arrêt ; l'affreuse
tourmente qui bouleverse la France et l'Europe
entière est un prodige suffisant pour que le monde
n'ait plus d'yeux pour d'autres. En 1815 seulement,
Deleuze attire de nouveau l'attention publique sur ce
point par son « Histoire critique du magnétisme
animal. »

L'abbé Faria produit des phénomènes analogues à ceux de l'hypnotisme moderne. Rejetant toutes les théories régnantes, le premier il proclame la nature subjective des phénomènes magnétiques, plaçant la cause du sommeil lucide, c'est ainsi qu'il appelle le somnambulisme provoqué, dans le sujet lui-même ([1]).

Les travaux du Dr Bertrand déterminent l'Académie de Médecine, en 1831, à se préoccuper de la question. Husson, chargé de lui faire un rapport, adhère complètement aux théories magnétiques. Mais la docte Assemblée s'abstient de statuer. Elle adopte, au contraire, avec empressement, six ans plus tard, les conclusions d'un nouveau rapport de Dubois repoussant complètement le magnétisme.

En 1842 seulement, James Braid, chirurgien à Manchester, énonce nettement les principes de la science hypnotique entrevus par l'abbé Faria. Les effets produits par Mesmer s'expliquent tous par un trouble du système nerveux dû à la fixité de l'atten-tion, ils dépendent de l'état particulier du sujet et non d'un fluide magnétique ou de la volonté du magnétiseur. La personne de l'opérateur restant indifférente, ils doivent se reproduire sur tout sujet prédisposé, en employant des moyens déterminés. Or, fournir des procédés fixes, indépendants de celui qui les emploie, pour arriver à des résultats prévus

(1) Cullère. — *Du Magnétisme et de l'Hypnotisme*, p. 60.

sur des objets ou des sujets propices, n'est-ce point la caractéristique même de la science?

. La science de l'hypnotisme, ainsi que l'appelle Braid, est donc fondée! Dégagée de toutes les erreurs anciennes et de toutes les jongleries du charlatanisme, la vérité se fait jour enfin! Les expériences nombreuses réitérées depuis cette époque par le Dr Azam (de Bordeaux), Demarquay et Giraud-Teulon, Liébault (de Nancy), Dumontpallier (de Montpellier) et surtout par Charcot et son élève Ch. Richet à la Salpétrière, en 1878, ont pleinement confirmé les constatations de Braid. A ces noms il faut joindre ceux de Heidenhain en Allemagne, du Dr Bremaud, chirurgien de la marine à Brest, et encore du Dr Bernheim, à Nancy, qui, par une série d'observations curieuses, a remis la question à l'ordre du jour, et lui a donné un intérêt tout nouveau.

Ce dernier, par sa théorie de la suggestion, nous fournit l'explication de tous les phénomènes incompréhensibles jusqu'à ce jour, qui ont si profondément frappé l'imagination des hommes et qui forment l'histoire du merveilleux à travers les âges. C'est la clef qui ouvre les portes de ce monde inconnu, que l'humanité a entrevu si souvent dans sa course, et avec tant de frayeur quelquefois, mais dans lequel elle n'avait jamais encore pu pénétrer.

*
* *

Qu'est-ce donc que l'hypnotisme? par quels procédés l'obtient-on? quels sont les effets qu'il produit?

L'hypnotisme (ὕπνος sommeil) est un sommeil non naturel obtenu par certains moyens déterminés, P. Richer le définit « l'ensemble des états particuliers du système nerveux produits par des manœuvres artificielles (¹). »

Comment l'obtient-on ?

« Je commence, dit Bernheim (²), par éloigner de « l'esprit du sujet la préoccupation que fait naître « l'idée du magnétisme et la crainte un peu mystique « qui est attachée à cet inconnu, puis je lui dis : « Regardez-moi bien, ne songez qu'à dormir, vous « allez sentir une lourdeur dans les paupières, une « fatigue dans les yeux, ils clignotent, ils vont se « mouiller, la vue devient confuse, il se ferment. « Quelques sujets ferment les yeux et dorment immé- « diatement.

Chez d'autres sujets, il accentue davantage, place deux doigts de la main droite devant les yeux de la personne et l'invite à les fixer, il ajoute impérieusement : « Dormez » ou bien il leur ferme les paupières tout en continuant la suggestion : « Vos paupières sont collées, etc. » Et dans quatre ou cinq minutes le sommeil est obtenu.

C'est l'image du sommeil qui est insinuée dans le cerveau, c'est le sommeil par suggestion.

---

(1) P. Richer. — *Etudes cliniques sur la G^de Hysterie*, Paris 1885. 2e édit.

(2) Bernheim. — *De la Suggestion Hypnotique*, 1886.

Il est susceptible, selon l'Ecole de Nancy (Liébault et Bernheim), de six phases différentes que le sujet traverse successivement, à mesure que son aptitude devient plus grande avec la répétition des expériences :

Au premier degré, le sujet n'éprouve qu'un engourdissement plus ou moins prononcé. Il a conscience de ce qui se passe, parle, répond aux questions qu'on lui pose, est convaincu qu'il ne dort pas, mais ne peut cependant se réveiller sans le secours de l'opérateur.

A un second degré, le sujet est déjà assujetti à la volonté de l'endormeur, ses membres sont en résolution, ils conservent les attitudes imprimées. Si on lève son bras et qu'on l'abandonne ensuite, le bras reste en l'air. On peut suggérer à la personne endormie les attitudes qu'on veut lui faire prendre, elle les gardera automatiquement comme l'idée reçue, pendant un temps plus ou moins long, suivant la profondeur du sommeil. C'est la catalepsie suggestive.

Dans un troisième degré, l'engourdissement est plus prononcé encore, outre la catalepsie suggestive, le sujet est susceptible de mouvements automatiques. Si l'on imprime à son bras un mouvement de rotation, ce mouvement se continuera jusqu'à ce que l'endormeur l'arrête.

Le quatrième degré est caractérisé par la perte de

relations avec le monde extérieur. Le sujet n'est plus en communication qu'avec l'endormeur à moins que celui-ci n'en ordonne autrement.

Le cinquième et le sixième degré constituent le somnambulisme léger ou profond. L'oubli complet au réveil de tout ce qui s'est passé pendant le sommeil, en est le signe distinctif. Le somnambule est soumis complètement à la volonté de l'opérateur, il devient entre ses mains un instrument passif, docile à tous ses ordres (¹).

L'Ecole de la Salpétrière, avec Charcot et Richet, ne reconnaît que trois états différents dans le sommeil artificiel :

La *léthargie* ou sommeil profond avec résolution musculaire, anesthésie et abolition de la vie intellectuelle ;

La *catalepsie*, dans laquelle le sujet garde toutes les attitudes qui lui sont imprimées ;

Et le *somnambulisme* caractérisé par l'anesthésie et en même temps l'hyperacuité sensorielle, surtout la possibilité de produire chez le sujet toutes les hallucinations et les suggestions.

Le Dr Bremaud fait précéder ces divers états d'un état primordial qu'il appelle fascination, observé chez les hommes seulement, dans lequel le sujet, quoique non endormi, est susceptible d'illusions et

(1) Bernheim. — Ouv. cité.

2

d'hallucinations, est surtout doué d'un instinct d'imitation qui va jusqu'à la reproduction la plus servile de tous les gestes de l'expérimentateur.

Mais quelle que soit la classification adoptée, les phénomènes observés sont, en réalité, toujours les mêmes.

Dans le sommeil profond, les membres sont inertes, on peut provoquer des contractions musculaires en déterminant soit sur les muscles mêmes, soit sur leurs tendons ou les troncs nerveux d'où ils dépendent, une excitation plus ou moins grande ; l'anesthésie est complète, on peut chatouiller les fosses nasales du sujet, le piquer, lui traverser la chair avec une aiguille (¹) sans qu'il ressente aucune douleur. Certains sens spéciaux sont également insensibles, on peut parler à voix haute à l'oreille du sujet qui entend et qui répond, sans le réveiller. — Chez certains autres, au contraire, l'hypéresthésie est extraordinaire.

N., observée par le Dr Taguet (²), voit se refléter sur un carton comme sur un miroir, son image et celle de tous les objets placés derrière elle, elle retrouve au flair un objet caché à une grande distance.

Mais ce qui distingue surtout l'état hypnotique,

---

(1) Bernheim. — Ouv. cité.
(2) Taguet. — Hypnotisme avec hypéresthésie de la vue et l'odorat. *Rapport à la Société Médico-psychologique.*

c'est l'absence complète de spontanéité cérébrale et de volonté Le somnambule exécute tous les mouvements suggérés ; il se lève, marche, va, vient, court, saute, danse au gré de l'hypnotiseur. Il est susceptible de toutes les illusions, de toutes les hallucinations provoquées, il prendra du sel pour du sucre, de l'eau pour du vinaigre, une odeur nauséabonde pour un parfum agréable (¹). Il entendra, si on le lui commande, le chant des oiseaux, une musique délicieuse, la voix d'une personne aimée, ou encore des grossièretés, des obscénités, des injures, il verra tour à tour des scènes agréables, pénibles ou terrifiantes (²).

G., étudiée par le Dʳ P. Richer à la Salpêtrière, prend le bruit atténué du tam-tam pour un bruit de cloches, pour un concert, pour un roulement de tambours d'un régiment qui passe, elle finit même par entendre le piétinement des chevaux. Tour à tour, à la voix de l'observateur, elle reçoit des coups imaginaires, sent l'impression d'un vent froid qui n'existe pas, trouve qu'on la chatouille lorsque personne ne la touche, elle entend la musique dans le plus profond silence (³).

On peut rendre l'hypnotisé sourd, muet ou aveu-

---

(1) Bernheim. — Ouv. cité, p. 26.
(2) Cullère. — Ouv. cité.
(3) P. Richer. — Études cliniques sur l'hystéro-épilepsie, p. 702.

gle (¹). On peut lui faire perdre le sentiment complet
de sa personnalité, lui en donner une nouvelle qu'il
acceptera entièrement, semblable, comme le dit
Richet, à un acteur qui, pris soudainement de folie,
croirait qu'il est transformé lui-même de corps et
d'âme en la personne dont il remplit le rôle, en·
général, en prêtre, en avocat, en magistrat, etc (²).
Un homme se changera ainsi en femme et récipro-
quement (³).

Il est possible même de limiter les phénomènes
hypnotiques à un seul côté du corps, de dédou-
bler un sujet en état d'hypnotisme. En agissant sur
l'hémisphère correspondant du cerveau, le côté
droit pourra être mis en léthargie, le côté gauche en
catalepsie, une partie sera anesthésique et l'autre
sensible, le sujet y verra d'un œil et non de l'autre,
et ainsi pour tous les autres sens (⁴).

Au réveil, aucun souvenir soit des actes divers
exécutés pendant le sommeil, soit du sommeil
lui-même, ne subsiste dans l'esprit de l'hypnotisé.
Lui en parle-t-on, il ne sait de quoi il s'agit, il
ne croira jamais que cela puisse être, il faut qu'on

(1) Bernheim. Ouv. cité. — Dʳ Philip. *Cours pratique de Brai-
disme.*
(2) Ch. Richet.— *Revue Philosophique,* 1883.
(3) Bernheim — Ouv. cité, p. 58.
(4) Ladame. *La Névrose hypnotique,* Neufchâtel 1881. — Charcot
et Richer, P. Richer. Ouv. cité. — Dumontpallier et Magnier. *Société
de Biologie, Comptes rendus,* 1881-82. — Binet et Feré. *Revue Philosophique,* 1886.

l'endorme une seconde fois pour qu'il se souvienne et dans ce second sommeil seulement, comme s'il y avait pour la mémoire communication directe entre les divers états hypnotiques qui formeraient ainsi un monde à part sans relation aucune avec celui dans lequel vit le sujet à l'état de veille.

Mais ce n'est pas pendant le sommeil uniquement que se fait sentir l'influence de l'hypnotiseur. Après son réveil, l'hypnotisé sera encore sous l'empire de la volonté de l'opérateur, si celui-ci l'a exprimée pendant la durée de l'état hypnotique. Les ordres donnés au somnambule endormi seront exécutés par lui fidèlement et automatiquement à l'état de veille.

Ces faits observés par le Dr Bertrand et le général Noizet au commencement du siècle, plus tard par le Dr Liébault à Nancy, ont été reproduits en 1883 par Ch. Richet, qui n'en parle encore que timidement tant il en est surpris. De toutes les expériences qu'il a faites, la plus caractéristique est la suivante, il l'a répétée sur deux personnes avec un égal succès.

L'une ou l'autre étant endormie, il lui dit : « Vous reviendrez tel jour, à telle heure ». Réveillée, elle a oublié tout cela et elle demande : « Quand voulez-vous que je revienne ? — Quand vous pourrez. — A quelle heure ? — Quand vous voudrez ». Et régulièrement, avec une ponctualité surprenante, elle arrive au jour et à l'heure qui ont été indiqués ([1]).

(1) Ch. Richet. — *Revue Philosophique.*

Depuis, des expériences très nombreuses ont établi jusqu'à l'évidence la réalité de ce phénomène.

La suggestion peut être donnée pour une époque même éloignée.

Bottey raconte qu'ayant mis en somnambulisme la servante d'une maison où il allait dîner tous les 15 jours, il lui ordonna que lorsqu'elle viendrait ouvrir la porte quinze jours plus tard, elle ne pourrait s'empêcher de le frapper. Ce fut, en effet, ce qui arriva : Au moment fixé, la servante se précipita sur lui et lui administra une telle quantité de horions, qu'il perdit pour longtemps, dit-il, l'envie de renouveler une pareille expérience [1].

Il est possible encore de provoquer des illusions sensorielles.

A l'hypnotisé on dira : « A votre réveil, vous sentirez un engourdissement dans le pied, ou une crampe dans le mollet, une douleur dans une dent, une démangeaison dans le cuir chevelu, ces sensations diverses se manifestent invariablement. On le fera saigner du nez [2], on produira des stigmates sanglants [3].

On lui suggèrera des hallucinations de tous genres, on lui fera voir une scène déterminée et imaginaire, ou bien, ce que Bernheim appelle une hallucination négative, la personne endormie ne verra pas à

---

(1) Bottey. — *Du Magnétisme Animal.*
(2) Berjon. — *La G^de Hystérie chez l'Homme.*
(3) Cullère. — Ouv. cité, p. 157.

son réveil certains objets que l'expérimentateur lui
aura défendu de voir, ou elle ne verra que certains
objets précisés (¹).

Enfin l'on peut produire des hallucinations rétroactives à l'état de veille, suggérer au somnambule
qu'à un moment donné il a vu tel fait, il a commis
tel acte dont l'image créée dans son cerveau lui
apparaît comme un souvenir d'une réalité incon-
testable (²).

Tout cela, d'ailleurs, sans qu'il y ait chez l'hypnotisé la moindre souvenance de l'ordre donné, de
l'injonction faite, de la suggestion de l'image ou de
l'idée. Il paraît agir la plupart du temps inconsciemment, poussé par la force qui le domine, il
accomplit avec une exactitude quelquefois surprenante l'acte commandé et n'essaie que postérieu-
rement de l'expliquer, d'en trouver des raisons
plausibles qu'il se donne à lui-même et qu'il veut
se persuader l'avoir dirigé. Quant aux hallucinations diverses dont il aura été l'objet, il n'en voudra
jamais reconnaître l'inanité; les scènes suggérées
se sont déroulées effectivement devant ses yeux, il
les a vues avec tous les détails, il a touché du
doigt, les objets qui s'y trouvaient, il a parlé aux
personnages qui y jouaient un rôle, ils lui ont

(1) Bernheim. Ouv. cité, p. 43. — Binet et Feré. *Revue Philosophique*, 1885.
(2) Bernheim. — Ouv. cité.

répondu. Rien qu'une nouvelle suggestion ne pourrait le convaincre de la fausseté des faits perçus.

Et ces résultats sont obtenus au bout d'un nombre relativement peu considérable d'expériences. Le sujet se perfectionne, *se dresse*, il reçoit et réalise de mieux en mieux les suggestions de tous genres.

Bernheim va plus loin encore. Après un certain temps, selon lui, il n'est plus besoin de l'endormir. A l'état de veille, il présentera les mêmes aptitudes à manifester les phénomènes suggestifs, une simple affirmation provoquera les hallucinations, un ordre donné sera exécuté fidèlement comme dans le sommeil.

Tous les observateurs n'étant pas d'accord sur ce point, il convient de laisser à celui qui l'énonce la responsabilité entière de son allégation. Mais s'il en est vraiment ainsi, l'hypnotisable est dès ce moment à la disposition absolue de l'hypnotiseur, à l'état de veille comme pendant le sommeil ; cire malléable sur laquelle l'opérateur met le cachet qu'il lui plaît, et qu'il pétrit à sa guise, il sera on ne peut plus aisé à ce dernier de modifier à son gré la personnalité, les instincts, les goûts, les opinions, nous ne dirons pas du sujet, mais de la victime des pratiques hynoptiques. Il pourra indifféremment lui inspirer de la sympathie ou de l'antipathie pour une personne déterminée, lui faire aimer ce qu'il haïssait ou haïr ce qu''il aimait.

Tel est l'ensemble des phénomènes qui nous sont, sauf les dernières constatations de Bernheim, très énergiquement affirmés à l'heure actuelle par tous les expérimentateurs. L'importance de pareils faits au point de vue judiciaire ne pouvait échapper à leur observation. Aussi toute une série d'expériences ont-elles été effectuées dans ce sens spécialement, avec un soin tout particulier. Le cadre malheureusement trop restreint de cette étude ne me permet pas de les relater en entier avec tous les exemples utiles. Je ne pourrai nécessairement vous en exposer qu'un résumé succinct. Il suffira du moins à mettre en relief les perturbations plus ou moins graves que peuvent produire dans le domaine soit du droit pénal, soit du droit civil, les procédés hypnotiques en des mains malveillantes ou criminelles.

Ce court exposé facilitera, en outre, l'analyse du rôle joué dans l'accomplissement du fait exécuté par les divers acteurs au concours desquels il est dû ; il permettra de mieux dégager la part de responsabilité qui doit être à la charge de chacun d'eux, et encore la valeur intrinsèque de l'acte aux yeux de la juridiction civile lorsqu'il lui sera soumis ; le tout ayant pour complément logique l'examen de ce dernier point d'interrogation : L'intervention du législateur est-elle indispensable ?

* *

Au point de vue du droit pénal, d'abord, quels sont les effets possibles de l'hypnotisme ?

L'hypnotisé peut être instrument ou victime d'actes criminels.

Instrument de crime, il est à craindre qu'il le devienne, soit à l'état de sommeil, soit à l'état de veille.

Pendant le sommeil, son inconscience est manifestement absolue, quel que soit l'ordre donné, le somnambule obéira fatalement, automatiquement. Cl., par exemple, photographe à Bordeaux, est mis en état de somnambulisme. Bernheim lui montre contre une porte un personnage imaginaire en lui disant que cette personne l'a insulté, il lui donne en même temps un pseudo-poignard et lui commande d'aller le tuer. Cl. se précipite et enfonce résolument le poignard dans la porte, puis reste fixe, l'œil hagard, tremblant de tous ses membres (¹).

A l'état de veille, le sujet réalisera d'autant mieux la suggestion criminelle que son aptitude aux manifestations hypnotiques sera devenue plus grande avec le nombre des expériences, et que sa volonté personnelle aura par suite moins de force.

A S. Bernheim également ordonne de mettre dans la poche à son réveil une cuiller en argent, qu'il verra sur une table. Réveillé, S. ne se retourne pas, ne voit pas la cuiller, mais il aperçoit une montre sur la table, l'idée du vol suggérée pour la cuil-

(1) Bernheim. — Ouv. cité.

ler se présente à lui pour la montre. Il la regarde, la touche, puis dit : « Non, ce serait un vol », et la laisse.

Une seconde fois, la même suggestion lui ayant été donnée, à son réveil il voit la cuiller, hésite un instant, puis s'écrie : « Ma foi, tant pis ! », et la met dans la poche.

Bottey a reproduit avec succès la même expérience ; S. R. à qui il a suggéré de voler une montre à une heure indiquée, la prend, la regarde, puis la remet en place, recommence ce manége plusieurs fois, enfin après une lutte évidente en elle-même, finit par la prendre brusquement en regardant si personne ne la voit. Lorsque dans la soirée, ajoute Bottey, nous avons voulu nous faire restituer l'objet volé, nous avons assisté à une telle scène de désespoir de la part de S. R., voleuse malgré elle, que nous avons dû, par une nouvelle hypnotisation, lui donner une suggestion négative qui lui fît oublier tout ce qui s'était passé (¹).

On arrivera ainsi à l'accomplissement des actes les plus graves.

Une jeune fille, à l'instigation de M. Liégeois, a tiré un coup de pistolet à bout portant sur sa mère, sans savoir que l'arme n'était point chargée (²). A un

---

(1) Bottey — Ouv. cité, p. 141.
(2) Liégeois — *Rapport à l'Académie des sciences morales et politiques*, p. 28.

jeune homme, M. Liégeois encore ordonne de verser
du poison à sa tante, il lui remet une poudre blanche
en lui indiquant que c'est de l'arsenic, et le soir
l'ordre est exécuté. Le criminel ne se souvient d'ailleurs de rien (¹).

Par des hallucinations rétroactives, l'hypnotisé
peut devenir un instrument de faux témoignage
d'une précision effrayante.

Mme T., à qui le même M. Liégeois persuade qu'on
lui a proposé de lui vendre six coupons d'obligations
du Trésor volés, va en faire la déclaration au bureau
de police, sans qu'aucun signe extérieur puisse
mettre en garde contre la sincérité de son témoignage.

Une autre fois, elle dénonce à M. R., ancien prési-
dent de Cour d'Assises, comme auteurs d'un incendie
qui a eu lieu récemment à Nancy, deux individus
dont elle croit, sous l'influence d'une suggestion,
avoir entendu une conversation qui lui aurait révélé
le crime. Interrogée par le magistrat, elle raconte
avec une netteté et une précision remarquables tous
les détails du colloque imaginaire.

Une suggestion nouvelle, à l'état de veille, sans
l'endormir, lui fait oublier complètement tout cela,
elle prétend n'avoir rien dit, ne sait de quoi on veut
lui parler (²).

---

(1) Liégeois. — Id. p. 29.
(2) Liégeois. — Ouv. cité.

M. Bernheim de même suggère à Marie G. qu'elle
a vu, il y a quatre mois, un vieux garçon qui habite
au premier étage de sa maison, violer une petite
fille : elle a entendu des cris, elle a regardé par le
trou de la serrure, elle a assisté à la scène, la petite
fille se débattait, elle saignait, il lui a mis un bâillon
sur la bouche. Marie G. interrogée trois jours après,
en l'absence de M. Bernheim, par M. Grillon,
avocat, faisant office de juge d'instruction, lui
raconte les faits dans tous leurs détails, donnant les
noms de la victime, du criminel, l'heure exacte du
crime. Endormie à nouveau, après une suggestion
négative, elle ne se souvient plus de rien (¹).

Le somnambule sera amené ainsi à s'accuser lui-
même de crimes qu'il n'a point commis. Mlle F.
avoue à un juge d'instruction dont elle connaît la
qualité qu'elle a tué une de ses amies avec un
couteau. — Où est le corps de la victime ? — On le
trouvera chez elle — Vous savez ce qui vous attend
après un pareil crime ? — Parfaitement, cela m'est
égal (²).

Quels ne sont pas d'ailleurs les actes dont l'hypnotisé pourra être victime ? Quelles violences ne sera-
t-il possible d'exercer sur lui, surtout pendant le
sommeil ? L'idée de viol se présente la première à

---

(1) Bernheim. — Ouv. cité.
(2) Liégeois. — Ouv. cité, p. 27.

l'esprit lorsqu'il s'agit d'une femme. Et les exemples sont là malheureusement pour prouver que le danger n'est pas illusoire.

Le plus frappant, l'exemple cité par tous les auteurs et devenu, je pourrais le dire classique, c'est le procès criminel qui se déroulait en 1865 devant la Cour d'Assises du Var :

Un mendiant du nom de Castellan, infirme, repoussant, simulant la surdi-mutité et se faisant passer pour un envoyé de Dieu investi du pouvoir de faire des miracles, se livrant à des gesticulations cabalistiques, impressionne vivement une jeune fille Joséphine H., dans la maison de laquelle il a reçu l'hospitalité. Dans un moment où il la trouve seule, il parvient à exercer sur elle une telle fascination qu'elle tombe en léthargie, et il en profite pour lui faire subir les derniers outrages. Revenue à elle, elle continue à être sous l'empire de la volonté de Castellan, qui l'entraîne avec lui et pendant plusieurs jours, abuse de son pouvoir d'hypnotisation pour renouveler ses attentats. La jeune fille déposait ainsi devant la Cour : « Il exerçait sur moi une telle « puissance à l'aide de ses gestes et de ses passes « que je suis tombée plusieurs fois comme morte. Il « a pu alors faire de moi ce qu'il a voulu. Je com- « prenais ce dont j'étais victime, mais je ne pouvais « ni parler ni agir et j'endurais le plus cruel des « supplices. »

D'autres fois, ces attentats ne laissèrent aucune trace dans son souvenir. Les rapports qu'il eut avec elle, la seconde nuit qu'ils passèrent ensemble, eurent lieu dans d'autres conditions, car cette fois Joséphine ne se douta pas de l'acte dont elle fut victime et ce fut Castellan qui lui raconta le matin qu'il l'avait possédée pendant la nuit (¹).

Un fait semblable a été jugé en 1863 par la Cour d'assises de Spoleto en Italie (²).

La Cour d'assises de la Rochelle condamnait le 5 août 1883, quatre jeunes gens accusés d'avoir violé une jeune fille en profitant d'une crise de léthargie (³).

Le Dʳ Bellanger raconte qu'un médecin qui avait parmi ses clientes une dame atteinte d'accès de somnambulisme, ne craignit pas d'abuser d'elle pendant ses accès. La malheureuse devint folle en constatant une grossesse que rendait inexplicable l'absence prolongée de son mari.

Une jeune fille, d'après le Dʳ Mercurio, fut dans le sommeil nerveux victime d'une tentative de viol sans en avoir gardé le souvenir au réveil. Ce ne fut que dans un accès subséquent qu'elle put faire connaître à sa mère l'outrage dont elle avait été l'objet (⁴).

(1) Cullère. — Ouv. cité.
(2) Campili — *Il Grande Ipnotismo e la suggestione ipnotica nei rapporti col diritto penale e civile*, p. 62.
(3) Cullère. — Ouv. cité, p. 339.
(4) Cullère. — Ouv. cité, p. 341.

La suggestion hypnotique n'est pas moins dange-
reuse pour le somnambule. Elle pourrait servir à
provoquer des suicides :

S. L., dit Bottey, a avalé deux jours après la suggestion, un breuvage noirâtre recouvert de la sus-
cription « poison » sur étiquette rouge. Avant d'accomplir ce suicide présumé, elle avait eu soin d'écrire
une lettre dans laquelle elle annonçait qu'elle allait
se donner la mort et qu'il ne fallait en accuser personne. Le plus curieux fut que lorsqu'elle eut ingur-
gité ce poison, qui n'était que de l'eau colorée, elle
ressentit de violentes coliques dont on eut toutes les
peines du monde à la dissuader.

Les crimes peuvent ainsi se multiplier, et avec eux
les erreurs judiciaires. Le coupable, la plupart du
temps, échappera à la justice, tandis que l'on punira
le somnambule pour des faits dont il sera innocent.

A ce dernier point de vue, M. le Docteur Dufay
rapporte une histoire judiciaire qui a son importance.
Une dame de Blois fait arrêter sa domestique qu'elle
accuse de vol. — Le Dr Dufay voit la prisonnière et
se souvient qu'elle a été au service du Dr Girault,
d'Onzain, qui provoquait souvent chez elle le sommeil magnétique. Il interroge la pauvre fille qui, au
milieu des larmes et des sanglots, proteste de son
innocence, il l'endort alors, et elle lui raconte qu'elle
n'a jamais eu la pensée de voler sa maîtresse, mais
qu'elle a changé de place et mis dans un autre meu-

ble les objets qu'on lui reproche d'avoir détournés.
Le juge d'instruction se transporte le lendemain chez
la maîtresse, va droit à la cachette et en retire les
objets disparus au grand ébahissement de leur pro-
priétaire. — La domestique avait effectué le trans-
fert des objets dans l'état somnambulique, et comme
le souvenir ne persistait pas au réveil, elle n'avait
pu le révéler [1],

La Cour de Paris, le 26 janvier 1881, prononçait
un acquittement dans des circonstances analogues.
Un jeune homme somnambule accusé d'outrage public
à la pudeur, niait énergiquement le fait qui lui était
reproché. Endormi devant la Cour, en Chambre du
Conseil, il répétait à la suggestion du docteur légiste
l'acte incriminé. Son inconscience avait été absolue [2].

Si les somnambules naturels peuvent être l'objet
de pareilles erreurs judiciaires, les hypnotisables n'en
sont pas davantage garantis. Le danger est pour ces
derniers d'autant plus grand que le véritable auteur,
qui pourrait seul éclairer la justice, sera toujours
celui qui aura le plus d'intérêt à cacher la vérité.

Dans le domaine du droit civil, l'influence de la
suggestion hypnotique peut se faire sentir d'une
façon non moins grave, non moins fâcheuse. Il est

---

[1] Dr Dufay. — *Revue Scientifique*, 1883.
[2] Cullère. — Ouv. cité. p. 344.

difficile de voir, dit M. Liégeois, quelles conventions, quels contrats échapperaient absolument à son action.

On fera souscrire à l'hypnotisé durant le sommeil nerveux, des quittances, des billets, des obligations de toute nature qui, toute imaginaire qu'en soit la cause, n'en seront pas moins valables, et dont il sera parfois bien difficile de démontrer la fausseté.

De même, à l'état de veille.

Mlle E. reconnaît sans être endormie, à la suggestion de M. Liégeois, une dette de 500 fr., et elle signe un billet ainsi conçu :

« Je reconnais devoir à M. Liégeois, la somme de 500 fr.
« qu'il m'a prêtée et promets de la lui rembourser le 6
« janvier 1884.

Nancy, le 30 Novembre 1883.

BON POUR CINQ CENTS FRANCS.

Signé : E.

Le « Bon pour » est de sa main, l'acte est parfaitement valable.

Mme O. se persuadera qu'elle a cautionné son mari pour une dette de cent mille francs et elle ne fera aucune difficulté pour consentir une déclaration écrite dans ce sens ([1]).

---

(1) M. Liégeois. — Ouv. cité.

M. Liégeois ne doute pas que la suggestion donnée
à un hypnotisé de passer un acte déterminé devant
notaire, puisse parfaitement se réaliser. Le consentement d'un officier ministériel lui a seul fait
défaut pour en faire l'expérience. Dans le même
ordre d'idées, il sera possible, en poussant les choses à
l'extrême, de dénaturer les actes de l'état civil, de
fausser les déclarations de naissance, les reconnais-
sances de paternité, d'empêcher les mariages. La
jeune fille influencée par une hypnotisation préalable, prononcera devant le magistrat un « non » au
lieu du « oui » sacramentel. Mais où les effets néfastes
de la suggestion sont à redouter surtout, c'est dans la
matière des donations et des testaments. A l'aide
d'hallucinations, de suggestions positives, négatives
ou rétroactives, l'hypnotisable peut être conduit à
se dépouiller de ce qui lui appartient, à renoncer à
une hérédité, à révoquer ou à changer des dispositions
testamentaires, et le tout avec la solennité et les formes essentielles à la validité de pareils actes (¹).

* *
*

Comment le jurisconsulte appréciera-t-il des faits
semblables ? Comment les magistrats résoudront-ils
le problème lorsqu'il leur sera soumis ?

Faut-il avant tout tenir pour établir les résultats
que je viens de faire passer sous vos yeux ? Leur cer-
titude est-elle assez grande pour que le juriste s'en
doive préoccuper ?

(1) Campili. — Ouv. cité.

Pendant longtemps des charlatans de tous genres ont exploité le domaine du merveilleux, et si les conséquences de leurs prodiges ont pu être funestes, c'était aux officiers de police et non au légiste qu'il appartenait d'y remédier. L'hypnotisme ne rentre-t-il pas dans la même catégorie de faits ? Sur ce point il ne m'est pas nécessaire, je crois, d'insister beaucoup. Les noms des savants auxquels nous devons les expériences effectuées, les Charcot, les Richer, les Dumontpallier , les Bernheim, dans le monde médical, les Liégeois, dans le monde juridique, la répétition de ces expériences dans des endroits divers, l'uniformité des résultats obtenus ne peuvent laisser aucun doute à cet égard. — Est-il possible d'admettre que tous les expérimentateurs que je viens de citer et bien d'autres, se soient coalisés pour égarer la science dont quelques uns sont les représentants les plus autorisés ?

Mais leur bonne foi étant indiscutable, n'ont-ils pu se laisser induire en erreur pas des simulations habiles ? Un acteur n'a-t-il pas ainsi couvert de ridicule l'abbé Faria ? Cela est admissible certainement pour un cas particulier. Mais quel intérêt tous les sujets expérimentés et qui se chiffrent par milliers à l'heure actuelle, auraient-ils donc eu à jouer une comédie semblable ? Heidenhain a-t-il été trompé par son frère lui-même ?

Et d'ailleurs la simulation était-elle possible ?

Pour certains phénomènes évidemment oui. Mais il en est d'autres qu'il est manifestement impossible d'imiter. L'on ne reproduit pas à volonté la catalepsie prolongée ; le sujet restera-t-il des heures entières la tête sur une chaise, les talons sur une autre, sans que le pouls s'accélère, sans que le moindre symptôme de fatigue se révèle ? Et de même pour l'anesthésie poussée à un certain degré : il est des décharges électriques que l'homme le plus fort ne reçoit pas sans tressauter.

Le premier venu ne peut encore, ainsi que le dit Charcot, par une mimique aussi savante qu'habile, dès une première expérience, avec une précision absolument rigoureuse, simuler sur plusieurs points du corps à la fois, l'action isolée et combinée des muscles ou encore les effets de l'excitation d'un tronc nerveux quelconque pris au hasard.

Quant aux troubles de la sensibilité, la plupart se traduisent par des effets physiologiques dont il est facile de vérifier la sincérité. Pour les hallucinations de la vue, par exemple, il suffit de placer pendant l'expérience devant l'un des yeux un prisme qui dédouble l'image fictive, et l'on constate alors que l'image fausse est toujours placée conformément aux lois de la physique.

Les phénomènes hypnotiques, ceux du moins sur lesquels tous les observateurs sont d'accord, me semblent donc, à l'heure actuelle, indiscutables. Et l'on

ne doit pas, uniquement parce qu'ils paraissent étranges, nouveaux, ou plutôt parce qu'ils se produisent
sous une forme nouvelle, nier de parti pris des faits
aujourd'hui constants. Il en a été de même de toutes
les découvertes modernes, ce n'est qu'avec bien des
difficultés qu'elles sont arrivées à prendre leur place
dans la Science. L'esprit humain est naturellement
porté à douter. Et ce doute, je ne le nie pas, dans une
certaine mesure est légitime, il met en garde contre
les assertions hasardées et insuffisamment vérifiées de
quelques esprits aventureux, contre les pratiques
mensongères du charlatanisme. Mais il ne faut point
que scepticisme exagéré, ils refuse de se rendre à
l'évidence, et perdant ainsi son caractère scientifique,
il devienne un obstacle à l'éclosion de la vérité. Aux
incrédules d'ailleurs que je n'ai nullement la préten-
tion de convaincre, je me bornerai à répéter le conseil de Campili (¹) : « Les phénomènes peuvent se
vérifier, avant de croire, voyez. »

La réalité de l'hypnotisme et de ses effets étant
admise, comment doit se faire entre les divers
auteurs du fait incriminé le partage des responsabilités ? Un coup d'œil sur les principes généraux de la
responsabilité nous permettra de mieux distinguer

(1) Campili. — Ouv. cité, Introduction.

dans l'analyse des divers états hypnotiques, à qui revient l'imputabilité de l'acte.

La vie de l'homme nécessite, pour se développer dans sa plénitude, l'exercice et le concours de trois fonctions essentielles :

L'activité physiologique ou physique, en partie indépendante de toute action interne ou externe, en partie, au contraire, soumise à l'action des autres facultés ;

L'intelligence, et par là il faut entendre, au point de vue particulier qui nous occupe, la conscience de la nature de l'acte accompli, la connaissance du bien et du mal ;

Et enfin une force morale spontanée en son état normal qui a le gouvernement de l'âme, et qui, éclairée par l'intelligence, réagit sur l'activité physique pour produire le fait volontaire.

Conscience donc du caractère et de l'importance de l'acte, spontanéité de l'activité qui imprime aux organes la direction pour le produire, ces deux éléments constituant *l'intention*, et expression, en dernier lieu, par un effet appréciable au dehors, par la consommation ou la tentative d'éxécution de l'acte, de cette intention préalable, telles sont les conditions de l'existence de la volonté et par cela même de la responsabilité qui y est étroitement liée.

Que l'une ou l'autre de ces conditions vienne à faire défaut, et il y aura altération ou disparition complète de la volonté, partant de la responsabilité.

L'intelligence, par exemple, est-elle pervertie, l'agent ne se rend-il plus un compte exact de ce qu'il va faire, c'est la *démence* pour employer le terme légal dans toute sa généralité, partielle ou totale, passagère ou continue, mais entraînant forcément l'irresponsabilité.

Il en est de même de la spontanéité de l'acte. L'agent est-il soumis à une contrainte qui le mette dans l'impossibilité de ne point accomplir le fait reproché, on ne saurait le lui imputer. Faut-il distinguer entre la contrainte physique et la contrainte morale ?

Pour la première, aucune discussion ne s'est jamais élevée. Bien des criminalistes, au contraire, ont nié la possibilité de la contrainte morale; ils ont prétendu que par cela seul que le prévenu avait eu conscience du délit ou du crime exécuté, une contrainte physique uniquement pouvait l'exonérer des conséquences de son action. — C'est cette théorie qui prévalut en **Angleterre** du 17e au 19e siècle et qui y causa tant d'erreurs judicaires. — Il n'en est heureusement plus ainsi à l'heure actuelle ; il est universellement reconnu que sous l'empire d'une émotion violente, de la crainte due à des menaces, ou de la maladie encore, cette force morale qui gouverne l'âme peut, comme le démontre péremptoirement Ribot dans ses « Maladies de la volonté » se trouver affaiblie, anéantie même ou asservie à une puissance étrangère, l'intelligence

restant d'ailleurs claire, nette et entière. Il ne peut
dès lors être question de volonté, ni de responsabilité.
L'article 64 du Code Pénal consacre ce principe, il
déclare qu'il n'y a ni crime ni délit, non seulement
lorsque le prévenu est en état de démence, mais
encore lorsqu'il est contraint par une force à laquelle
il n'a pu résister, sans établir de différence entre la
contrainte physique et la contrainte morale.

Cela posé, quel est le rôle que jouent les diverses
facultés de l'hypnotisé dans l'exécution de l'acte ?
Dans le sommeil, si aucune action extérieure n'inter-
vient, l'activité physique inconsciente, nécessaire
à l'existence, subsiste seule, l'inertie est complète ;
les facultés intellectuelles paraissent momentanément
abolies ; quant à l'activité morale, elle a perdu
toute spontanéité et elle semble avoir complètement
disparu.

Sous l'influence d'un stimulant externe, la volonté
exprimée de l'hynoptiseur, quelques unes des facultés
intellectuelles, l'imagination surtout et l'association
des idées pourront se réveiller, l'activité morale sera
susceptible encore de réagir sur l'énergie organique
mais seulement dans un sens déterminé, dans une
direction imprimée, elle ne jouera plus que le rôle
d'intermédiaire entre la volonté du suggesteur et
l'exécution du mouvement ordonné. L'autonomie
conservée par le corps et les fonctions organiques du
sujet sera assez semblable à celle d'un peuple asservi

à une puissance étrangère, lequel aurait conservé son administration propre, n'obéirait qu'à son chef naturel, mais dont ce chef ne ferait lui-même que transmettre les ordres de l'Etat oppresseur.

Par quelle mystérieuse influence l'activité morale du sujet se trouve-t-elle ainsi sous la dépendance absolue de la volonté de l'endormeur ? Les opinions sont diverses sur ce point. C'est là une énigme non déchiffrée encore et dont je n'ai point à chercher la clef.

Mais la conscience et la spontanéité de l'acte étant supprimées, le somnambule est manifestement irresponsable.

Pour les suggestions réalisées à l'état de veille, le problème devient plus délicat, il se complique d'un phénomène de *mémoire inconsciente*, ainsi que l'appelle Ch. Richet (¹), qui rend plus difficile dans certains cas, l'attribution des responsabilités.

Beaunis, dans son Étude de la renaissance et du développement de l'idée suggérée, nous fournit de précieux renseignements sur le travail qui se fait dans l'esprit de l'hypnotisé.

« Ce sera, par exemple, dit-il, au milieu d'une conversation banale qui n'a aucun rapport avec la suggestion. Tout à coup, l'hypnotiseur qui est averti et qui surveille son sujet sans en avoir l'air, saisit, à

---

(1) Ch. Richet. — *Revue Philosophique*, 1883.

un moment donné, comme une sorte d'arrêt dans la
pensée, de choc intérieur qui se traduit par un signe
imperceptible, un regard, un geste, un pli de la face,
puis la conversation reprend, mais l'idée revient à la
charge, encore faible et indécise ; il y a un peu
d'étonnement dans le regard, on sent que quelque
chose d'inattendu traverse par moments l'esprit
comme un éclair ; bientôt l'idée grandit peu à peu,
elle s'empare de plus en plus de l'intelligence ; la
lutte est commencée, les yeux, les gestes, tout
parle, tout révèle le combat intérieur, on suit les
fluctuations de la pensée ; le sujet écoute encore
la conversation mais vaguement, machinalement,
il est ailleurs, tout son être est en proie à l'idée
fixe qui s'implante de plus en plus dans le cerveau ; le moment est venu, toute hésitation disparaît, la figure prend un caractère remarquable de
résolution ; le sujet se lève et accomplit l'acte suggéré. Cette lutte intérieure est plus ou moins longue,
plus ou moins énergique suivant la nature de l'acte
et surtout suivant l'état même du somnambule. »

Mais s'il y a lutte effective entre la pensée, la
volonté du suggestible et la pensée suggérée, cette
lutte devra-t-elle se terminer fatalement par le
triomphe de la volonté étrangère ? Tous les auteurs
reconnaissent que ce n'est qu'après une éducation
préalable, un perfectionnement dû à la répétition
des expériences que la puissance de l'hypnotiseur

s'impose sans conteste. Dans le commencement, lors des premières expériences, l'intelligence est bien pervertie en ce sens qu'une idée est implantée dans le cerveau de l'hypnotisé malgré lui, mais la force morale, si·elle se trouve en lutte avec une tendance due à une force extérieure, n'a point perdu encore toute spontanéité. Peut-on, dès lors, affirmer *à priori* l'irresponsabilité entière ?

Comment reconnaîtra-t-on la part que la volonté du suggestible a prise dans l'exécution de l'acte ? Il sera, j'en conviens, on ne peut plus difficile de le savoir. Mais la même difficulté ne se présente-t-elle pas pour la folie ? N'y a-t-il pas une sorte de démence partielle, caractérisée par l'existence d'une idée prédominante (¹), exclusive, à l'empire de laquelle se trouve soumis le malade ? La science médico-légale se prononcera dans ce cas ; c'est à elle de dire si cette idée fixe a pu suffire pour anéantir la volonté de l'auteur du crime. De même pour l'hypnotisé, elle examinera le développement plus ou moins grand et facilement vérifiable de son aptitude aux manifestations hypnotiques, et elle décidera.

Il est entendu, d'ailleurs, que l'admission de l'excuse provenant d'une suggestion reste absolument subordonnée à la preuve du fait de l'hypnotisation, car, et c'est la grande différence qui sépare l'hypno-

(1) Chauveau et Faustin Hélie. — *Théorie du C. Pénal.*

tisme de la folie, la folie est une maladie dont les accès se manifestent spontanément ; la névrose de l'hypnotisme, selon l'expression de Ribot (¹), ne produit d'effets que par le concours effectif d'une autre volonté, concours qu'il sera indispensable de prouver. De quelle façon ? Un second sommeil quelquefois en révélant l'hypnotisation, facilitera cette preuve. En tous cas, si difficile qu'il puisse être de l'administrer, il faudra toujours l'exiger sous peine d'en arriver à des conséquences déplorables, de permettre à un individu quelconque parce qu'il sera hypnotisable, de décliner la responsabilité des actes qu'il commettra sa vie durant, en toute connaissance de cause et dans le plein exercice de sa volonté

Lorsqu'il est constant que l'acte a été commis par l'hypnotisé inconsciemment ou malgré lui, ne peut-on au moins poursuivre ce dernier comme coupable de négligence ou d'imprudence ? Cette négligence et cette imprudence ne résultent-elles pas suffisamment de ce qu'il a consenti à se laisser endormir un nombre plus ou moins grand de fois ? Aujourd'hui, avec le peu de vulgarisation des phénomènes de l'hypnotisme, il serait plus que probable qu'il n'aurait pu se rendre un compte exact des conséquences que ce consentement pouvait entraîner ; mais s'il était avéré qu'il en fût autrement, il me paraît indiscutable que

(1) Ribot. *Maladies de la Volonté.*

le reproche serait fondé et pourrait entraîner une condamnation de ce chef.

En ce qui concerne l'hypnotiseur, jusqu'où s'étend sa responsabilité ?

S'il s'agit d'un acte accompli pendant le sommeil, que la victime en soit un tiers ou l'hypnotisé lui-même, pas de doute, elle est pleine et entière, avec la circonstance éminemment aggravante de l'emploi d'une manœuvre odieuse pour perpétrer le forfait.

Quand la suggestion est donnée pour l'état de veille, en est-il de même ? Ces deux éléments de la responsabilité sont, nous l'avons vu, l'intention et la manifestation de cette intention par l'exécution de l'acte, il faut que ces deux éléments soient concomittants ; l'intention seule n'est point punissable, non plus l'exécution de l'acte sans l'intention. Or, cette concomittance se trouve-elle ici dans tous les cas ? Lorsque la suggestion est à une échéance plus ou moins éloignée, n'est-il pas possible que l'intention ait disparu et qu'il n'ait plus dépendu de l'hypnotiseur d'empêcher la consommation du délit ou du crime ? La difficulté n'existe plus si l'on considère que le moment où il faut se placer pour apprécier la responsabilité dans ce cas particulier, ce n'est point l'instant même où l'acte se consomme, mais bien celui où le suggesteur a fait tout ce qui dépendait de lui pour l'accomplissement du crime. Il en est pour le criminel qui emploie les manœuvres hypnotiques comme pour un homme qui disposerait une mine et une mèche soufrée dans le but de faire sauter une maison, et qui, pris de remords après avoir mis le feu à la mèche, quelques minutes avant l'explosion, se verrait dans l'impossibilité de l'empêcher ; il n'en serait pas moins responsable. Le suggestible est, entre les mains du suggesteur, une arme dont celui-ci peut ne point se servir ; lorsqu'il l'a chargée, qu'il a tiré le coup, si, avant que la victime ne soit frappée, il revient à de meilleurs sentiments, il est trop tard, sa culpabilité subsiste entière. Le juge criminel pourra donc, si le fait est suffisamment prouvé, appliquer, en toute sûreté de conscience, la peine encourue.

Pour le juge civil, quoique la question se présente à lui sous une face un peu différente, les éléments d'appréciation sont les mêmes. Il s'agit toujours de savoir si le souscripteur de l'obligation ou le signataire de l'acte dont la validité sera contestée, a pris l'engagement, a signé l'acte avec la conscience de ce qu'il faisait, sans que sa volonté ait été violentée. Sinon le consentement fait défaut et l'annulation s'impose.

Le dol résulte d'ailleurs des pratiques de l'hynoptiseur et entache l'acte d'un second vice qui suffirait seul à lui enlever toute valeur.

L'article 1382 du Code civil permet dans tous les cas d'accorder à la partie lésée les dommages-intérêts nécessaires pour l'indemniser, si l'annulation de l'acte ne réparait point entièrement le préjudice causé.

Ce qui restera toujours difficile, ce sera de rapporter la preuve des manœuvres employées et de leur portée ! Question de fait à résoudre par le magistrat de la même façon que la détermination des responsabilités par la juridiction pénale.

Mais les dispositions légales actuellement existantes offrent-elles à la société une protection suffisante contre les pratiques de l'hypnotisme ?

Pour la plupart des auteurs, la force et la nature de cette action mystérieuse qui se subit sans crainte, qui passe sur la victime sans laisser de trace, doivent attirer l'attention non seulement du magistrat, mais encore du législateur. Et ils réclament avec insistance une loi nouvelle qui prohibe ou tout au moins qui règlemente l'usage des procédés hypnotiques. Car le danger, s'écrient-ils, est extrême ! Plus de personnalité, plus de libre arbitre ! L'homme à la merci de la volonté d'autrui, devenant instrument ou victime de toutes les fraudes, de tous les crimes ! La confusion et le renversement de toutes les responsabilités ! Un bouleversement complet dans l'ordre civil comme dans l'ordre criminel ! Quelles conséquences désastreuses !

« On se demande, dit M. Delacroix (¹), comment il n'a été pris en France aucune mesure pour empêcher l'exploitation et la vulgarisation de pratiques aussi dangereuses. » Et, à son avis, il n'est qu'un moyen efficace, c'est de limiter l'usage de l'hypnotisation à la médecine, qui. seule, peut s'en servir utilement pour le plus grand bien de tous, Que le législateur édicte donc au plus tôt ces mesures nécessaires, le besoin s'en fait sentir urgent, immédiat.

Campili (²) va plus loin, il veut qu'on institue une procédure pénale particulière permettant d'arriver à la découverte et à la répression des méfaits commis à l'aide du sommeil nerveux.

N'y a-t-il pas là un peu d'exagération? Sans doute, il est possible que les phénomènes hypnotiques aient des effets excessivement regrettables. Sans doute, comme déduction de certaines expériences, il faut admettre que des contrats, des actes de toute sorte peuvent être dénaturés, qu'on arrivera à obtenir un engagement sans le consentement réel de l'obligataire ou bien encore à capter un testament, à faire commettre des délits ou des crimes. J'ai dû vous indiquer, en même temps que les faits constatés par la science, les pires conséquences qui en pourraient

---

(1) Delacroix, Conseiller à la Cour de Bordeaux. — *L'Hypnotisme et la Loi.*
(2) Campili. — Ouv. cité.

résulter. Mais, est-ce à dire que le danger soit aussi grand qu'on veut le prétendre ?

L'on ne doit pas perdre de vue, en premier lieu, que la production des effets hypnotiques suppose chez le sujet un état nerveux spécial. Ribot appelle cet état une *névrose*. Charcot et Richer leur donnent la même qualification. C'est sur des femmes surtout et des hystériques, à la Salpétrière, qu'ont porté leurs expériences. Liébault et Bernheim, il est vrai, affirment que l'hypnose n'est qu'une prédisposition particulière très répandue même chez les sujets sains. Mais la moyenne vraiment énorme de 15 0/0 qu'ils nous donnent, est vivement contestée par l'Ecole de Paris, qui reproche même à ces deux praticiens d'avoir créé à Nancy une épidémie hypnotique (¹). Il faut donc croire jusqu'à preuve contraire plus complètement vérifiée, que l'hypnotisme ne peut se produire que chez un nombre relativement restreint de sujets plutôt malades que sains.

D'autre part, ce n'est qu'après une série d'expériences successives que l'on arrive à une sujétion absolue de la volonté du somnambule, à l'état de veille tout au moins.

La nécessité d'une loi se fait-elle, en l'état, bien sentir ?

De deux choses l'une, ou bien les actes commis à

---

(1) Janct. — *Revue Politique et Littéraire*, 1884.

l'aide des procédés hypnotiques sont inoffensifs, et, dans ce cas, la justice n'a point à s'en soucier ; ou bien ils sont délictueux ou criminels, et il existe alors des dispositions pénales pour en punir les auteurs, en tenant compte de l'aggravation résultant des moyens employés.

Quant aux actes civils, le Code fournit aux tribunaux, nous l'avons vu, le moyen d'annuler le contrat vicié par l'usage de manœuvres frauduleuses et d'accorder à la partie lésée la réparation qui peut lui être due.

Mais alors même, répond-on, que la répression serait possible, le fait étant certain, il resterait toujours la preuve à fournir. Or, par leur nature, les pratiques coupables dont il s'agit, n'échappent-elles pas le plus souvent aux investigations de la justice? Un second sommeil uniquement peut révéler, dans la plupart des cas, l'hypnotisation antérieure. Ne faut-il pas que la loi consacre l'emploi du seul mode de preuve efficace? — Que le médecin-légiste vérifie par les procédés les plus convenables, les dispositions aux manifestations hypnotiques du sujet dont l'examen lui sera confié, rien d'anormal à cela, et on ne voit pas la nécessité d'une loi nouvelle pour autoriser des mesures d'instruction de ce genre qui ont été employées déjà et que les tribunaux pourront ordonner toutes les fois qu'ils le jugeront utile. Mais que les révélations faites dans ce second som-

meil, que des affirmations d'un être inconscient au
moment où il les produit, constituent autre chose
que des indications précieuses, il est vrai, quelquefois,
qu'elles suffisent à établir une culpabilité, celle peut-
être du somnambule lui-même, qu'elles puissent
servir seules de base à une condamnation, et qu'une
loi consacre ce principe, peut-on le demander sérieu-
sement? Serait-ce vraiment moral?

N'y a-t-il pas enfin, et c'est là le dernier argu-
ment invoqué par les partisans d'une législation
nouvelle, certains faits immoraux et nuisibles qui
peuvent se produire sans tomber sous le coup des
lois pénales et qu'il importe de réprimer cependant?
On peut par des hypnotisations répétées et mala-
droites ou effectuées avec une intention coupable,
ébranler fortement le système nerveux du sujet,
pervertir ses facultés, le conduire même, si l'on en
croit M. Grasset (¹) à la folie. L'exemple cité par ce
dernier n'est tout d'abord pas concluant, c'est à la
suite des expériences de Verbeck à Montpellier, que
le jeune homme dont il parle devint fou, Or, les
représentations publiques qui pourraient devenir
dangereuses, un simple arrêté de police suffira pour
les interdire ; l'autorité y mettra fin lorsqu'elle le
voudra. Le questeur de Milan faisait fermer ainsi
tout récemment le Théâtre Philharmonique où

(1) Grasset, Montpellier. — *Semaine Médicale*, 15 Mai 1886.

Donato opérait en public. Nul besoin du législateur pour cela.

Quant aux expériences privées, il est à désirer certainement que l'on n'en abuse point, que la science médicale seule s'en serve désormais, et si une loi pouvait effectivement arriver à ce résultat, il ne me paraîtrait point inutile de la demander. Mais la première condition d'une bonne loi, c'est que la recherche des faits qu'elle a pour objet de réprimer ne soit point impossible. Rien n'est plus dangereux pour la société que l'existence de mesures légales qu'il est loisible de braver impunément. Or, s'il s'agit d'expériences privées, comment arrivera-t-on à en établir la réalité ? L'opérateur prendra d'autant plus de précautions pour les dissimuler que le châtiment encouru sera plus rigoureux et que son but sera plus malveillant.

N'est-il pas préférable d'attendre que la science encore nouvelle de l'hypnotisme ait fait un pas de plus ? Peut-être alors fournira-t-elle à la justice des moyens plus aisés et plus certains d'arriver à la découverte et à la preuve des faits dont celle-ci aura à poursuivre la répression.

A l'heure actuelle, la vraie et seule garantie réellement efficace contre les pratiques de ce genre, c'est la volonté personnelle. Nul ne peut, à part quelques exceptions très rares, être endormi la première fois et un grand nombre d'autres encore,

sans son consentement. « Il faut écarter résolu-
« ment, nous dit Cullère, cette hypothèse qu'on
« pourrait être hypnotisé malgré soi, à son insu,
« par surprise, hypothèse élégante très propre à
« servir de thème à de brillantes discussions acadé-
« miques, mais qui, prise à la lettre par le com-
« mun des esprits, aurait pour effet de les fausser en
« leur faisant admettre la possibilité de phénomènes
« qui n'ont jusqu'ici défrayé que les œuvres d'imagi-
« nation les plus fantaisistes. Ne laissons pas croire
« que, parce que quelques savants ont découvert et
« étudié de nouveaux faits biologiques, la vie va
« devenir un conte d'Hoffmann ou d'Edgard Poë où
« hypnotiseurs et hypnotisés se livreront à un chassé-
« croisé universel dans un rêve fantastique (1). »

Et ce consentement qui pourrait avoir de si
funestes effets, nous ajouterons, avec M. Arthur Des-
jardins, que non-seulement on peut, mais qu'encore
on doit ne pas le donner.

La liberté est le plus sacré de tous les biens ; elle
existe, elle doit exister ; nous le sentons, il est en
nous une voix intérieure qui nous le crie ; et nous
rejettons avec énergie cette assertion de Spinoza trop
facilement admise par la science comme conséquence
des nouveaux phénomènes constatés, savoir que
« notre illusion du libre arbitre provient de l'igno-
« rance où nous sommes des motifs qui nous font

(1) Cullère. — *Magnétisme et Hypnotisme.*

« agir. » Nous savions avant que l'hypnotisme fût découvert que la volonté humaine pouvait être altérée, qu'elle était susceptible de recevoir des modifications profondes, qu'elle pouvait, sous l'empire de la crainte ou d'autres sentiments, devenir l'esclave d'une volonté étrangère. De ce que nous apprenons aujourd'hui qu'elle peut être assujettie dans certains états d'inconscience, nous concluons encore que s'il y a une activité dirigée, le libre arbitre subsiste néanmoins, ne serait-ce que dans la force dirigeante. Et dès lors, c'est un devoir absolu pour tout homme de conserver, de ne point sacrifier par un consentement coupable, ce qu'il doit avoir de plus cher, de plus précieux, ce qui le distingue de la brute, ce qui fait de lui un être humain, ce qui lui donne une individualité, une personnalité, — sa volonté, sa liberté !

MONSIEUR LE BATONNIER,

En vous replaçant cette année encore à sa tête, par la presque unanimité de ses suffrages, l'Ordre entier vous a montré combien il appréciait les qualités éminentes, qui une première fois déjà avaient guidé son choix

Je veux vous exprimer ici plus particulièrement les sentiments de mes confrères du Stage qui se sont associés de cœur, s'ils n'ont pu y prendre part, à cette manifestation de sympathique déférence. Tous ils ont ressenti les effets de la constante et bienveillante sollicitude dont vous n'avez cessé de nous fournir des preuves, dans la présidence notamment de notre Conférence. Choisissant vous même les sujets toujours pleins d'intérêt que vous soumettiez à notre étude et qui devaient servir plus utilement au développement de notre instruction, nous prodiguant sans cesse vos encouragements et vos conseils pour faciliter notre tâche, exigeant enfin de nous une assiduité dont vous nous donniez le premier l'exemple, vous avez su conserver à nos travaux, l'impulsion heureuse qui leur avait été communiquée il y a quelques années. C'est un véritable bonheur pour moi de pouvoir vous en témoigner, aujourd'hui, toute notre gratitude et notre reconnaissance.

MES CHERS CONFRÈRES,

Je ne saurais laisser échapper l'occasion qui m'est offerte de vous adresser, une fois encore, mes remerciements pour la distinction flatteuse dont j'ai été l'objet de votre part. Cet honneur, je ne l'ignore point, il en était parmi nous d'aussi dignes sans aucun doute à qui vous auriez pu le conférer, et c'est comme un témoignage de sympathie que je dois le considérer uniquement. Mais à ce titre, laissez-moi vous le dire, il m'est doublement cher. Le souvenir en restera gravé précieusement au fond de mon cœur ; il me permettra d'entrer avec plus de confiance dans la carrière où nous nous engageons ensemble, d'affronter avec plus de courage les obstacles que contribuera à aplanir l'amitié dont vous avez voulu me donner un gage, et que, j'en ai la ferme espérance, vous me conserverez toujours.

Il me reste, Messieurs, un triste et pieux devoir à remplir, celui de dire un dernier adieu à ceux de nos confrères qui nous ont quittés. Le nombre en est plus grand que les années précédentes. En peu de temps, la mort a frappé bien durement parmi nous,

Le premier dont je doive vous parler, par son âge et par son talent, était l'objet, depuis longtemps, de la vénération et de l'admiration de tous. J'ai nommé M⁰ Onfroy. Dans une séance semblable que nous avions le bonheur de lui voir présider encore, il y a deux ans, l'un de nos confrères disait à cette place : « qu'il était de ceux devant lesquels il suffit de s'incliner. » La tombe qui s'est refermée sur lui me donnerait aujourd'hui le droit que sa modestie nous refusait pendant sa vie, qu'elle nous a refusé encore sur son cercueil entr'ouvert, de rappeler les grandes qualités qui le plaçaient au premier rang de notre Ordre. Mais il serait trop téméraire de ma part d'entreprendre une pareille tâche, il faudrait une autre voix que la mienne et d'autres forces pour vous retracer ici son portrait fidèle, Il m'a suffi, d'ailleurs, de prononcer son nom pour qu'il se présente vivant encore à votre esprit avec tous les mérites qui le distinguaient : Sa connaissance approfondie des affaires, son activité infatigable qui faisaient de lui, avec son talent oratoire, un avocat éminent, et auxquelles il joignait l'art, non moins précieux, mais plus rare, de bien écrire, la plume le disputant chez lui à la parole, l'élégance et l'éclat du style à l'attrait de l'éloquence pour séduire et pour charmer ; le tout embelli par cet esprit de dévouement qui lui avait fait accepter, malgré le poids écrasant des occupations professionnelles, les délicates et lourdes fonctions de premier magistrat de la cité.

Les regrets que sa mort a causés sont immenses !

Me Bournat était aussi de ceux que l'Ordre s'enorgueillissait de posséder. Sa haute compétence, sa grande expérience, sa science toute spéciale du droit commercial et maritime, lui avaient acquis une autorité que doublaient encore son affabilité et la douceur de son caractère. Les fonctions publiques pour lesquelles son talent l'avait désigné, nous l'ont rendu trop tard pour qu'il pût reprendre son activité ancienne. C'est dans une demi-retraite, entouré du respect et de l'affection de tous ses confrères, qu'il a passé les dernières années d'une vie bien remplie, dont la mémoire nous restera chère.

Mᵉ Seyssaud avait fourni déjà une longue et laborieuse carrière. Prêtant sans relâche le secours de son ministère aux malheureux que la justice poursuit, il avait dans cette partie à laquelle il semblait s'être voué plus particulièrement, obtenu de réels et légitimes succès. Une maladie inexorable l'a emporté en quelques heures. Cet évènement imprévu nous a tous bien péniblement surpris.

Dans toute la force et la vitalité de la jeunesse, Mᵉ Giniez semblait devoir longtemps encore prendre sa part de nos travaux et de nos luttes. Son âge n'a pu le préserver du malheureux sort qui l'a ravi si prématurément à l'affection de ses amis. Son humeur heureuse et les qualités de son cœur ont laissé parmi nous le meilleur souvenir.

Je pouvais croire, il y a quelques jours à peine, terminer ici cette nécrologie bien trop longue et trop affligeante déjà. Un dernier coup devait encore nous atteindre, d'autant plus cruel qu'il était plus difficile à prévoir. Nous apprenions soudainement que Mᵉ de Pleuc était très gravement malade, le lendemain il était mort. Je ne me propose point et n'ai nul besoin d'ailleurs de faire aujourd'hui son panégyrique. Vous êtes sous l'impression encore des paroles émues et touchantes que M. le Bâtonnier prononçait sur sa tombe. Il vous a retracé la vie de ce travailleur infatigable, ses luttes longues, pénibles, et ses succès enfin, mérités, s'il en fût; il vous a

rappelé cette verve intarissable, cet esprit fin et
délicat qui constituaient l'originalité de son talent,
et faisaient le charme de tous ses auditeurs ; il vous
l'a montré tombant sur la brèche, pour ainsi dire,
dans son cabinet de travail, arraché brutalement par
une maladie foudroyante à l'exercice d'une profession
qui lui était si chère. Je n'ai point à vous parler du
mandat politique qui lui était conféré tout récemment, presque malgré lui, et comme une preuve
éclatante de la sympathie universelle que lui avaient
acquise la bonté et la générosité de son cœur. Parmi
nous, c'était plus que de la sympathie qu'il avait su
inspirer, nous l'aimions tous d'une véritable et res-
pectueuse amitié, qui nous fait ressentir plus vivement et plus profondément la perte douloureuse que
nous venons d'éprouver.

ORDRE DES AVOCATS

DE MARSEILLE

Extrait du registre des délibérations du Conseil de discipline

---

Séance du 6 Janvier 1887

Etaient présents : Mrs LEGRÉ, bâtonnier, Aimé AILHAUD, Sauvaire JOURDAN, BLANCHARD, DE JESSÉ, DELOBRE, GENSOLLEN, GENSOUL, et AICARD, secrétaire.

M. le Bâtonnier demande au Conseil d'examiner s'il y a lieu de voter l'impression du discours prononcé à la séance de rentrée de la Conférence des Avocats stagiaires par Me Roux-Freissineng. Il fait un rapport favorable.

Sur quoi, après avoir délibéré et conformément aux dispositions de l'art. 13 du Règlement de la Conférence, le Conseil vote à l'unanimité l'impression aux frais de l'Ordre du discours de Me Roux-Freissineng.

Le Secrétaire,
A. AICARD fils.

Le Bâtonnier,
L. LEGRÉ.

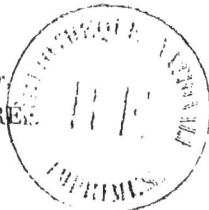

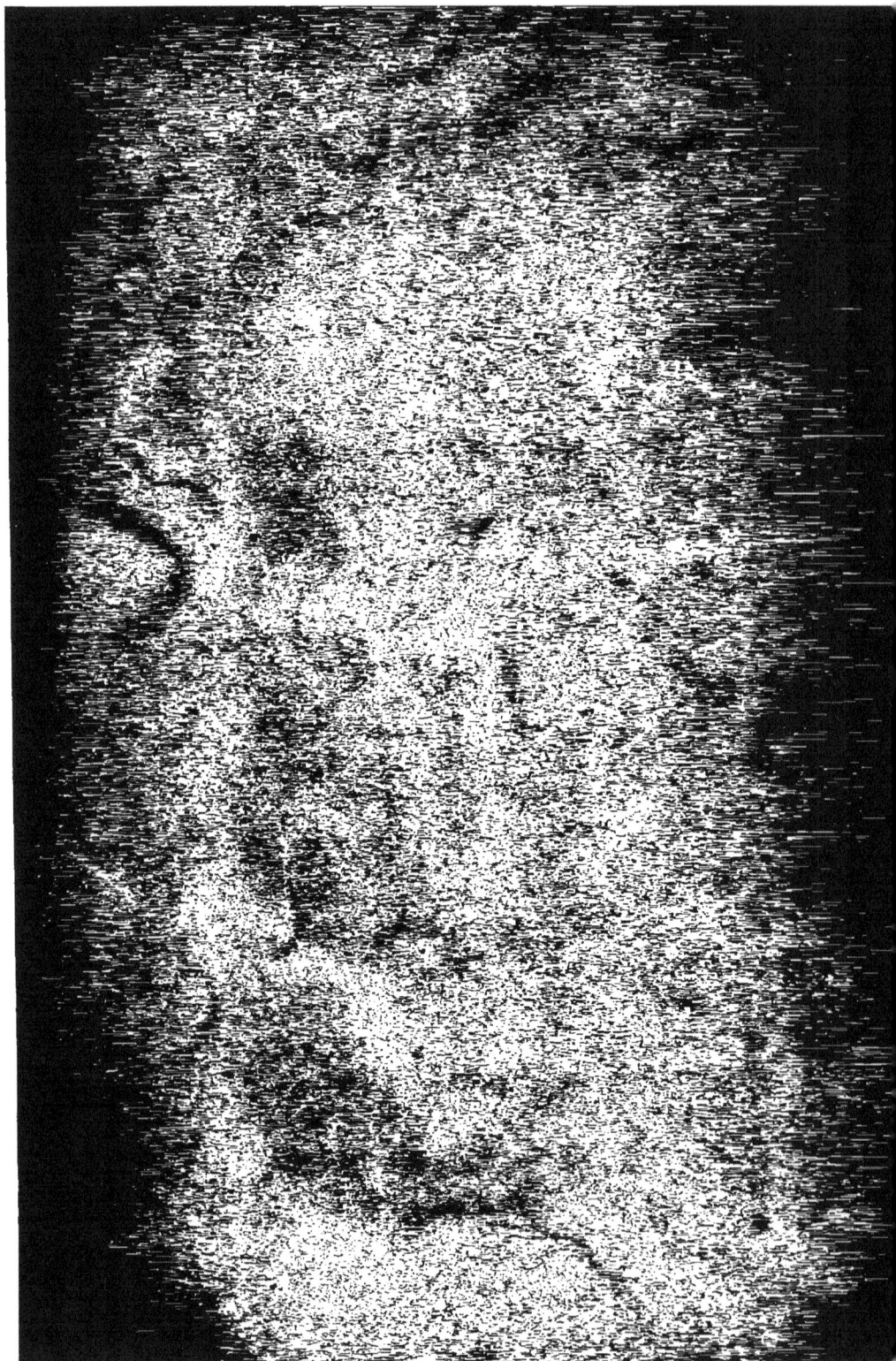

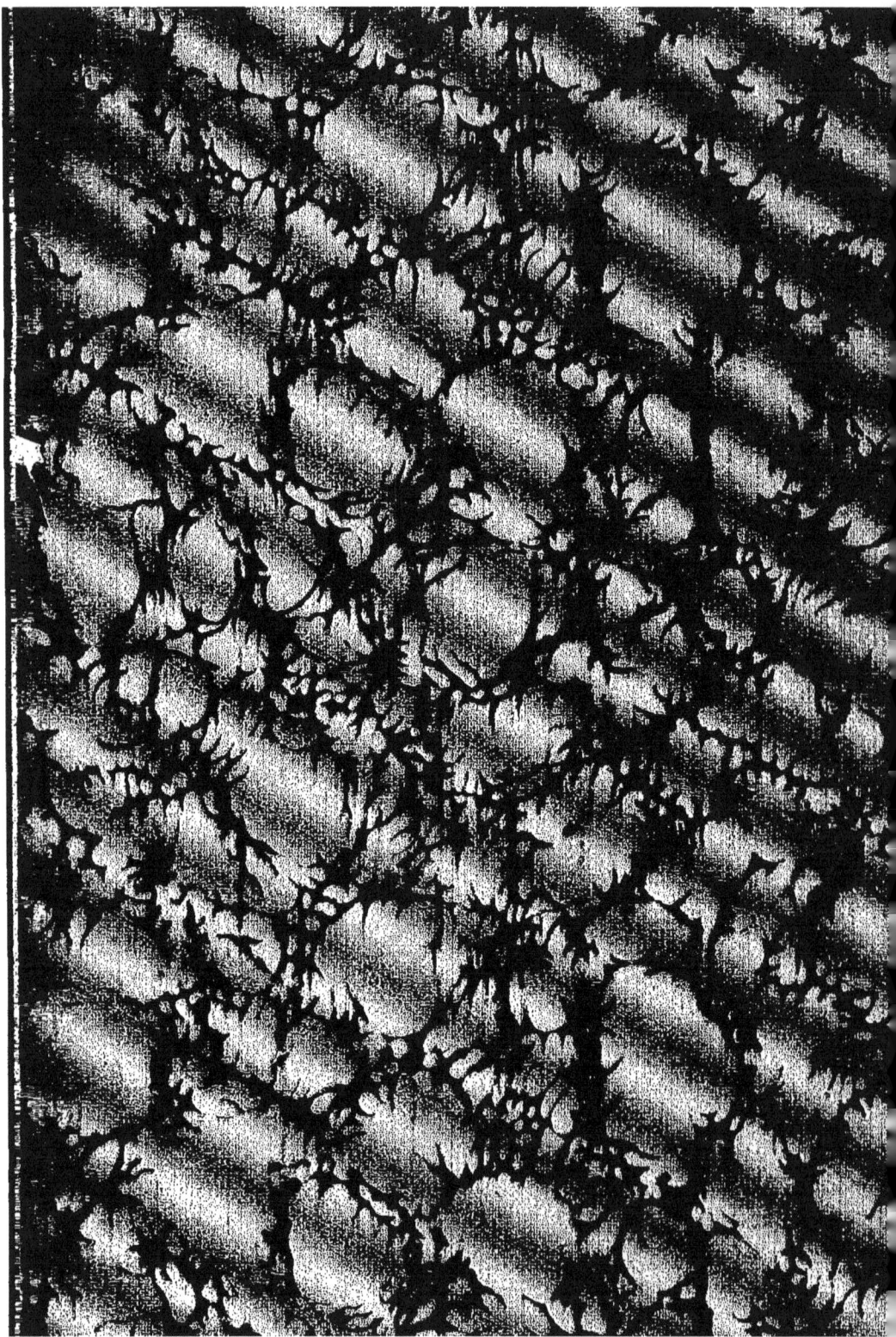

www.ingramcontent.com/pod-product-compliance
Lightning Source LLC
Chambersburg PA
CBHW071306200326
41521CB00009B/1927